Tobias Rieling

Social Scoring in Deutschland
Wenn Algorithmen über die Kreditwürdigkeit entscheiden

Bibliografische Information der Deutschen Nationalbibliothek:

Die Deutsche Nationalbibliothek verzeichnet diese Publikation in der Deutschen Nationalbibliografie; detaillierte bibliografische Daten sind im Internet über http://dnb.d-nb.de abrufbar.

Impressum:

Copyright © Science Factory 2019

Ein Imprint der GRIN Publishing GmbH, München

Druck und Bindung: Books on Demand GmbH, Norderstedt, Germany

Covergestaltung: GRIN Publishing GmbH

II

Inhaltsverzeichnis

Abkürzungsverzeichnis

Abs.	Absatz
Art.	Artikel
AG	Aktiengesellschaft
B2B	Business-to-Business
BDSG	Bundesdatenschutzgesetz
CSG	Cyber Security Gesetz
DSGVO	Datenschutz-Grundverordnung
Dr.	Doktor
GmbH	Gesellschaft mit beschränkter Haftung
KWG	Kreditwesengesetz
Mrd.	Milliarden
M. Sc.	Master of Science
n.F.	neue Fassung
NSL	National Security Law
PBC	People's Bank of China
Prof.	Professor
PwC	PricewaterhouseCoopers International
SCHUFA	Schutzgemeinschaft für allgemeine Kreditsicherung

Abbildungsverzeichnis

Tabellenverzeichnis

1 Einleitung

1.1 Problemstellung

Ungefähr jedem zehnten Erwachsenen in Deutschland ist es nicht möglich die laufenden Rechnungen dauerhaft zu bezahlen. So ist seit 2014 ein kontinuierlicher Anstieg der Überschuldungsquote in Deutschland zu verzeichnen. Diese lag zum Stichtag im Jahr 2018 bei ungefähr zehn Prozent, dies entspricht circa 7 Millionen Einwohnern.[1] Im gleichen Zeitraum stieg die Anzahl an neuen Ratenkreditverträgen ebenfalls stetig an.[2] Anhand dieser statistischen Auswertungen lässt sich schnell erkennen, dass im Rahmen von Kreditwürdigkeitsprüfungen und einer Minimierung des Ausfallrisikos ein Interesse an qualitativ hochwertigen Hilfsmitteln besteht.

In den letzten Jahren wurden innovative Unternehmen, wie zum Beispiel Kreditech, mit dem Ziel gegründet, die klassische Kreditwürdigkeitsprüfung zu verändern. Anders als bei den klassischen Auskunfteien werden hier Informationen aus sozialen Netzwerken analysiert, um so eine Aussage über die Bonität treffen zu können. Angesichts der weltweiten Anzahl von rund 4 Mrd.[3] Internetnutzern und dem damit verbundenen Datenaustausch erscheint dieses Vorhaben durchaus sinnvoll. Hier fällt auch häufig der Begriff „Big Data", welcher im späteren Verlauf noch einmal aufgegriffen wird. Besonders die Daten, welche im Rahmen der Nutzung von sozialen Plattformen wie Twitter, Linkedin oder auch Facebook generiert werden, stehen im Mittelpunkt dieser Bonitätsprüfung. Aus diesem Datenpool werden demnach präzise Aussagen zu den einzelnen Kreditwürdigkeiten getroffen. Neben Daten aus Social Media greift das System des Social Scorings auch auf Daten, wie zum Beispiel aus dem Einkaufverhalten, zurück. Auch wenn ein System des Social Scorings in Deutschland kaum bis gar

---

[1] Vgl. Statista (2018).
[2] Vgl. Statista (2017).
[3] Vgl. Statista (2017).

nicht anzutreffen ist, zeigt die Studie „Ist Deutschland bereit für Social Scoring", welche von der Wirtschaftsprüfungsgesellschaft Pricewaterhouse-Coopers durchgeführt wurde, dass über 50% der 18-25 Jährigen in Deutschland einem solchen System positiv gegenüber stehen.[4] Allerdings ist ein damaliges Pilotprojekt der klassischen Auskunftei der SCHUFA Holding AG, Informationen aus dem sozialen Netzwerk Facebook zu verwenden, aufgrund öffentlicher Kritik eingestellt worden.[5] Die zentralen Konfliktpunkte betreffen meistens die Vereinbarkeit zwischen unternehmerischen Interessen auf der einen Seite und dem Schutz unrechtmäßiger Nutzung personenbezogener Daten auf der anderen Seite. In der vorliegenden Arbeit soll der Frage „Welche Möglichkeiten und Herausforderungen bringt Social Scoring für die Scoringinstitutionen im Rahmen der Kreditwürdigkeitsanalyse in Deutschland mit sich?" nachgegangen werden.

1.2 Aufbau der Arbeit

Dem Leser soll zunächst ein Einblick in die Thematik des „Scorings" gegeben werden. Dazu erfolgt zunächst eine allgemeine Definition des Begriffs des „Scorings". Anschließend wird dargelegt, welche Bedeutung dem „Scoring" in der Kreditwürdigkeitsanalyse zukommt und in welche Bereiche es unterschieden werden kann. Dazu erfolgt eine kurze Begriffsabgrenzung zu anderen Bereichen, in denen Scoring eine Anwendung findet. Darauf folgt eine Einordnung des „Social Scorings" in den Forschungsdiskurs und eine Darlegung des aktuellen Forschungsstandes. Hierauf folgt in Kapitel 3 eine Einordnung des Kreditscorings in den rechtlichen Kontext der Länder Deutschland und China. Dazu wird explizit auf die aktuell geltende Rechtslage in Bezug auf die Datennutzung der beiden Länder eingegangen und diese dargestellt. Im anschließenden vierten Kapitel werden die Scoringverfahren, wie sie aktuell in Deutschland und China Anwendung finden, näher erläutert. Dazu wird zunächst die allgemeine Anwendung eines

---

[4]   Vgl. PwC (2018), S. 12.
[5]   Vgl. FAZ (2016).

Kreditscorings in Deutschland dargestellt. Aufbauend auf diesem Wissen wird eine eigene Weiterentwicklung des Kreditscoring anhand des Praxisbeispiels von Auxmoney dargelegt. Darauf folgt eine Darlegung der mit dem Kreditscoringsystem einhergehenden Vor- und Nachteile. Nachdem auch die aktuelle Anwendungslage in China mit ihren Vor- und Nachteilen vorgestellt wurde, wird ein Vergleich der beiden Länder gezogen. Hier wird der Frage nachgegangen, ob China ein mögliches Vorbild für Deutschland darstellen könnte. Abschließend werden die wichtigsten Erkenntnisse der vorangegangenen Arbeit noch einmal zusammengefasst und ein Ausblick für den zukünftigen Umgang mit „Social Scoring" in Deutschland gegeben.

2 Was ist Scoring – Definition und Darstellung

2.1 Definition des Begriffs „Scoring"

Im Allgemeinen bezeichnet Scoring die Benutzung eines Wahrscheinlichkeitswertes über ein voraussichtliches konkretes Verhalten einer natürlichen Person, um eine Entscheidung im Rahmen einer Durchführung oder Beendigung einer geschäftlichen Beziehung zu treffen.[6] Es soll also die Frage nach der Eintrittswahrscheinlichkeit eines bestimmten Ereignisses möglichst präzise beantwortet werden. Hierbei wird auf Grundlage von personenbezogenen Daten aus der Vergangenheit eine Schlussfolgerung gezogen. Dabei wird im Rahmen eines Scorings davon ausgegangen, dass bei ähnlichen Merkmalen verschiedener Personen ein ähnliches Verhalten erwartet werden kann.[7] Beim Scoring wird also eine Gesetzmäßigkeit des Verhaltens von Individuen unterstellt. Dabei ist zu beachten, dass hierbei nicht alle vorhandenen Eigenheiten und Charakteristika berücksichtigt werden können. Dies kann an fehlenden Informationen, aber auch an subjektiver Irrelevanz, liegen. Zwar muss ein Scoring auf einem mathematisch-statistischen Analyseverfahren beruhen, allerdings fließen auch intuitive Bewertungskriterien, wie zum Beispiel bestimmte Hypothesen, mit in das Scoring ein.[8]

Es gibt verschiedenste Bereiche, wie zum Beispiel im Bankwesen, in der Medizin oder in der Werbung, in denen Scoring angewendet wird. Im Folgenden werden andere Bereiche jedoch ausgeklammert und das Kreditscoring in den Mittelpunkt gestellt.

---

[6] Vgl. BDSG § 31 Abs. 1.
[7] Vgl. Korczak (2005), S. 29.
[8] Vgl. ebd. (2005), S. 74.

2.2 Bedeutung des Scorings im Rahmen der Kreditwürdigkeitsprüfung

Bezogen auf den Bereich der Kreditwürdigkeitsanalyse oder Bonitätsbewertung wird häufig auch von „Rating" gesprochen. Allerdings ist dieser Begriff eher im Rahmen der Bonitätsbewertung von Unternehmen zu finden.[9] Wohingegen der Begriff des „Scorings" vorwiegend bei der Beurteilung von natürlichen Personen angewendet wird.

Ziel eines jeden Kreditinstitutes ist es, die Kreditrisiken zu minimieren, um so Einzelwertberichtigungen für notleidende Kredite und hohe Opportunitätskosten zu vermeiden.

Ausfallrisiko	Risiko des teilweisen oder vollständigen Ausfalls einer im Kreditvertrag vereinbarten Verbindlichkeit
Terminrisikio	Risiko der nicht termingerechten Begleichung der vereinbarten Verbindlichkeit
Besicherungsrisiko	Risiko der nicht ausreichenden Deckung der vereinbarten Verbindlichkeit durch Verwertung der Sicherheiten

Tabelle 1: Kreditrisiken[10]

Grundsätzlich sollen demnach bestenfalls nur Kredite mit einer sehr geringen Ausfallwahrscheinlichkeit vergeben werden. Das Volumina an notleidenden Krediten in der Eurozone betrug im ersten Quartal 2018 695,8 Mrd. Euro, an denen Deutschland ungefähr ein Anteil von 48 Mrd. zuzusprechen ist.[11] Vor diesem Hintergrund ist die Zusammenstellung und Verwertung von Bonitätsinformationen, welche die Zahlungsfähigkeit und Zahlungswilligkeit betreffen, für Kreditinstitute sowie andere Finanzdienstleister von fundamentaler Bedeutung. Ebenso wird das Problem durch die „adverse selection", bei dem eine asymmetrische

---

9   Vgl. Füser (2001), S. 37.
10 Vgl. Weinrich (1978), S. 25 f.
11 Vgl. Deutscher Bundestag (2018), S. 4.

Informationsverteilung zwischen Kreditgeber und Kreditnehmer besteht, bekämpft.[12] An dieser Stelle wird das oben genannte Kreditscoring erstellt bzw. zur Unterstützung herangezogen. Dieses verfolgt die Idee, schnell und effizient eine Ausfallwahrscheinlichkeit des jeweiligen Kredites zu berechnen und so dem Kreditgeber in seiner Entscheidung über eine Vergabe bzw. Ablehnung eine Grundlage bereitzustellen.[13] Nicht zuletzt der Zinssatz wird maßgeblich durch das Ergebnis des Socrings beeinflusst. Zum Erhalt eines Scoringergebnisses gibt es für die Finanzdienstleister unterschiedliche Wege. Grundsätzlich lassen sich zwei Bereiche voneinander unterscheiden:

2.2.1 Externes Scoring

Im Rahmen des externen Scorings erfolgt eine Bonitätsbeurteilung durch ein von dem Kreditgeber oder ähnlichem unabhängigen Unternehmen. In Deutschland übernehmen diese Tätigkeit seit einigen Jahrzenten größtenteils die klassischen Auskunfteien wie die SCHUFA Holding AG oder auch die Creditreform Boniversum GmbH.[14]

2.2.2 Internes Scoring

Das interne Scoring wird durch den betreffenden Finanzdienstleister selbst gewählt und umgesetzt.[15] Die Banken nutzen dafür unter anderem das Kreditgespräch, um so einen Eindruck für die eigene Risikoeinschätzung zu erlangen. In vielen Kreditinstituten werden einheitliche Schriftstücke verwendet, in denen der Antragsteller zum Beispiel Angaben zu seinen Vermögensverhältnissen macht. Aufgrund der häufig bereits bestehenden Geschäftsbeziehung kann der Finanzdienstleister diese Angaben durch eigene Aufzeichnungen nachvollziehen und überprüfen.

---

[12] Vgl. Schröder/Taeger (2014), S. 11
[13] Vgl. ebd. (2014), S. 11.
[14] Vgl. ebd. (2014), S. 57ff.
[15] Vgl. Treacy/Carey (2000), S.168.

2.3 Forschungsstand des Social Scorings in der Kreditwürdigkeitsanalyse

In den letzten Jahren haben sich eine Vielzahl von Wissenschaftlern mit dem Thema Social Scoring auseinandergesetzt. Ein aus heutiger Sicht immer noch wichtiger Aufsatz ist der von *M. McPerson, L. Smith-Lovin und J. M Cook* aus dem Jahr 2001. Sie stellen einen Zusammenhang zwischen der Zusammenkunft von Personen und ihrer Bildung bzw. Gesellschaftsklasse her. Dabei ist zu beobachten, dass Personen, die sich in Bildung etc. ähneln, öfter miteinander als mit anderen interagieren.[16] Diesen Sachverhalt greifen die Autoren *Y. Wei, P. Yildirim, C. Van den Bulte und C. Dellarocas* 15 Jahre später erneut auf und setzen ihn in Bezug zu sozialen Netzwerken. Sie entwickeln dabei ein Bewertungssystem, welches nur auf Daten aus den sozialen Netzwerken beruht. Sie kommen dabei ebenfalls zu dem Schluss, dass durch die Kreditwürdigkeit einer Person innerhalb einer sozialen Bindung mit dem Betroffenen, oftmals als Freund oder Follower bezeichnet, Rückschlüsse auf die Zahlungsfähigkeit getroffen werden können, da sich die Zusammenkunft von Menschen ähnlicher sozialer Herkunft auch in den sozialen Medien erkennbar macht.[17] Unterstützend führt das Autorenteam *T. Tan und T. Phan* an, dass durch Social Media-Daten Sachverhalte analysiert werden können, die sonst nicht beobachtbar wären.[18] Gleichzeitig wird jedoch herausgestellt, dass die Berücksichtigung von Daten aus zum Beispiel sozialen Netzwerken zu einer sozialen Abschottung einzelner Gruppen führen kann, in denen nur Personen gleicher Kreditwürdigkeit miteinander interagieren.[19] Darüber hinaus könnten Benutzer der jeweiligen sozialen Plattform auch Bewusst versuchen ihren „Social Score" zu manipulieren, indem sie bestimmte „Freundschaften" aus entsprechenden

---

[16] Vgl. McPherson/Smith-Lvon/Cook (2001), S. 426.
[17] Vgl. Wei/Yildirim/Van den Bulte/Dellarocas (2015), S. 249.
[18] Vgl. Tan/Phan (2016), S. 8.
[19] Vgl. Wei/Yildirim/Van den Bulte/Dellarocas (2015), S. 249.

sozialen Milieus kaufen oder sich selbst als sozialen Kontakt anbieten.[20] Auch die Autoren *M. Óskarsdóttir, C. Bravo, C. Sarraute, J. Vanthienen und B. Baesens* stellen die statistische und wirtschaftliche Bedeutung der Nutzung von Big Data heraus. Sie stützen Ihre Studie neben Daten aus sozialen Netzwerken auch auf Daten aus dem täglichen Smartphone Gebrauch. Die Erkenntnisse aus der Analyse dieser Daten können zur wesentlichen Verbesserung der Genauigkeit der Kreditscores beitragen.[21] Zusätzlich stellen sie aber auch die Herausforderungen dar, welche durch die unterschiedlichen Gesetzteslagen der verschiedenen Länder entstehen, da sich die Datenschutzbestimmungen zum Teil wesentlich unterscheiden. In einem Punkt sind die Autoren sich einig, die Einbindung von Daten aus sozialen Netzwerken oder ähnlichem bietet einen großen Vorteil für Personen, über die bisher kaum oder gar keine zurückliegenden Informationen zur finanziellen Situation vorhanden sind. Zusätzlich ist es in einigen Entwicklungsländern schwierig oder sehr kostspielig an Finanzinformationen bestimmter Personen heranzukommen. Hier können zusätzliche Daten, wie die aus sozialen Netzwerken, eine Unterstützung sowohl für die Antragsteller als auch für die Kreditgeber sein.[22] Durch die entstehende Möglichkeit Kredite auch an Menschen ohne großen finanziellen Hintergrund vergeben zu können, könne so auch in vielen Ländern ein Schritt gegen Armut gemacht werden.[23] Ein weiterer wichtiger Aspekt ist der von den Autoren *S. Gül, Ö. Kabak und I. Topcu*, welche herausstellen, dass die Kreditscores bei Unternehmen durch die Einbindung sozialer Medien tendenziell schlechter ausfallen.[24] Dies begründen die Autoren damit, dass in den sozialen Medien, hier insbesondere auf Twitter, oft negative Erfahrungen und Gedanken über das jeweilige Unternehmen geteilt werden. Dabei

---

[20] Vgl. ebd. (2016), S. 250.
[21] Vgl. Óskarsdóttir/Bravo/Sarraute/Vanthienen/Baesens (2019), S. 37.
[22] Vgl. Wei/Yildirim/Van den Bulte/Dellarocas (2015), S. 249.
[23] Vgl. Óskarsdóttir/Bravo/Sarraute/Vanthienen/Baesens (2019), S. 37.
[24] Vgl. Gül/Kabak/Topcu (2018), S.97.

verwendet das von ihnen entwickelte Modell Daten aus sozialen Netzwerken lediglich als Unterstützung zu klassischen Informationen.

3 Rechtliche Rahmenbedingungen für Kreditscoring in ausgewählten Ländern

3.1 Regelung in Deutschland durch die DSGVO und das KWG

Wie bereits zuvor erwähnt, betreffen die Konflikt- bzw. Kritikpunkte am Scoring oftmals den Ausgleich zwischen dem Interesse von Wirtschaftsunternehmen auf der einen Seite und dem Interesse des Einzelnen hinsichtlich des Schutzes der personenbezogenen Daten auf der anderen Seite. Aus diesem Grund hat der Gesetzgeber Normen für den Umgang mit Scoring eingeführt. Diese sind zum einen für das Kreditwesen spezialgesetzlich in § 10 Abs. 2 KWG sowie zum anderen branchenübergreifend im Datenschutzrecht seit 2018 in der überarbeiteten Fassung der DSGVO geregelt. Damit sollen den Betroffenen Rahmenbedingungen an die Hand gegeben werden, um die Wirtschaft vor Ausfällen zu schützen und unberechtigte Zugriffe in die Privatsphäre der Antragsteller zu vermeiden. Besonders das KWG verpflichtet Kreditinstitute angemessene Verfahren zur Risikosteuerung sowie Überwachung einzuführen.[25] Wichtig im Rahmen der Anwendbarkeit des Datenschutzrechts ist das Vorliegen personenbezogener Daten zu einer eindeutig identifizierbaren Person. Dieser Tatbestand ist bei der Analyse von Datenbeständen zur Erstellung von Scorecards noch nicht gegeben.[26] Sobald die Verarbeitung jedoch eine bestimmt definierbare Person betrifft, sind die Regelungen der DSGVO bzw. des KWG zu berücksichtigen. Hierbei gilt zu unterscheiden, ob es sich um forderungsbezogene Daten handelt oder nicht. Daten, wie das nicht begleichen einer Forderung (Negativdaten), dürfen unter den in §31 Abs. 2 BDSG n.F. genannten Voraussetzungen, wie unter anderem die Titulierung der Forderung, an die Auskunfteien weitergegeben werden.[27] Für die Meldung von Positivdaten bestehen über das allgemeine Datenschutzgesetz keine gesonderten

---

[25] Vgl. Helfrich (2010), S.57.
[26] Vgl. Wolff/Brink (2017), S. 223.
[27] Vgl. BDSG § 31 Abs. 2.

Regelungen. Für die Nutzung von Daten außerhalb forderungsbezogener Daten steht die Einwilligung des Betroffenen im Vordergrund. Dabei hat diese Willenserklärung freiwillig, in informierter Weise und unmissverständlich zu erfolgen.[28] Darüber hinaus untersagt das sogenannte Kopplungsverbot, dass die Vergabe von Krediten nicht von der Einwilligung abhängig gemacht werden darf.[29] Zusätzlich sind der Zweckbindungsgrundsatz sowie der Grundsatz der Datenminimierung zu berücksichtigen. Nach dem Zweckbindungsgrundsatz muss für den Betroffenen eindeutig ersichtlich sein, wofür die erhobenen Daten genau verwendet werden.[30] Unter dem Grundsatz der Datenminimierung ist seit Einführung der DSGVO neben der quantitativen Begrenzung auch die qualitative Begrenzung zu verstehen.[31] Die Daten müssen eine Erheblichkeit für das Scoring aufweisen. Diese Erheblichkeit muss nach § 31 Abs. 1 Nr. 2 BDSG n.F. durch ein anerkanntes mathematisch-statistisches Verfahren nachgewiesen werden. Da es immer wieder Fälle gab, in denen falsche bzw. nicht mehr aktuelle Daten bei den Auskunfteien hinterlegt waren, wurden durch Einführung der DSGVO die verantwortlichen Stellen aufgefordert, etwaige Maßnahmen zu treffen, um die personenbezogenen Daten stets aktuell zu halten.[32] Einen wichtigen Bereich betrifft noch der Art. 9 Abs. 1 DSGVO. In diesem wird ein klares Verbot zur Benutzung und Verarbeitung besonders schutzwürdiger, personenbezogener Daten ausgesprochen, welche Rückschlüsse oder direkte Auskünfte über Sachverhalte, wie zum Beispiel die ethnische Herkunft oder die politische und religiöse Einstellung, zulassen.[33]

---

[28]   Vgl. Domurath/Neubeck (2018), S. 12.
[29]   Vgl. ebd. (2018), S. 14.
[30]   Vgl. Helbing (2015), S. 146.
[31]   Vgl. Domurath/Neubeck (2018), S. 17.
[32]   Vgl. DSGVO Art. 5 d.
[33]   Vgl. DSGVO Art. 9 Abs. 1.

3.2 Regelung in China durch das NSL

Mit dem *National Security Law of the People's Republic of China* wurde im Jahr 2017 das erste explizite Gesetz hinsichtlich Sicherheit und Souveränität im Internet verabschiedet.[34] Unternehmen dürfen seitdem zur Speicherung von Daten in der Regel keine Software mehr aus dem Ausland verwenden, sondern müssen auf eigene Technologien ausweichen.[35] Darüber hinaus gelten in Unternehmen, welche mit sogenannten „Schlüsselinformationen" arbeiten, besondere Regelungen. Unter Schlüsselinformationen fallen unter anderem wichtige Informationen aus dem Öffentlichkeitssektor, wie zum Beispiel personenbezogene Daten der Bürger.[36] Zusätzlich dürfen diese Informationen nur innerhalb der Volksrepublik China aufbewahrt werden.[37] Es dürfen also keine ausländischen Cloud-Dienste dafür verwendet werden. Grundsätzlich ist für die Speicherung personenbezogener Daten durch Kreditauskünfte die Zustimmung des Betroffenen nötig. Dabei dürfen keine Informationen über zum Beispiel ethnische Herkunft oder die Krankengeschichte erfolgen.[38] Sollte es zur Speicherung negativer Daten kommen, müssen diese nach einer Frist von fünf Jahren gelöscht werden.[39] Darüber hinaus ist jeder Bürger berechtigt zweimal pro Jahr eine kostenlose Auskunft über die von ihm gespeicherten Daten durch Kreditauskünfte zu erhalten.[40] Die Verwendung von personenbezogenen Daten soll sich nach dem CSG an die Grundsätze der Rechtmäßigkeit und Angemessenheit orientieren. Zusätzlich müssen die Zwecke und Methoden der Benutzung solcher Daten dargelegt werden. Eine Weitergabe an Dritte ist nur erlaubt, wenn die Informationen der Bürger anonymisiert

---

[34] Vgl. Yang/Wang (2017), S. 1.
[35] Vgl. Rui/Yu/Fuller (2015), S. 2.
[36] Vgl. ebd. (2015), S. 3.
[37] Vgl. ebd. (2015), S. 4.
[38] Vgl. Administrative Regulations on the Credit Reporting Industry (2013), Artikel 14.
[39] Vgl. Administrative Regulations on the Credit Reporting Industry (2013), Artikel 16.
[40] Vgl. ebd. (2013) Artikel 17.

wurden und nicht mehr wiederhergestellt werden können.[41] Es erfolgt zudem eine genau Aufzeichnung der Mitarbeiter hinsichtlich Zugriffsdatum und Zugriffszeit.[42] Ein weiteres wichtiges Novum durch das neue Gesetz ist die Pflicht der Anbieter, von zum Beispiel Nachrichtendiensten, die Identität eines jeden neuen Benutzers der jeweiligen Plattform auf Echtheit zu überprüfen. Vorher darf das Profil nicht zur Nutzung freigeschaltet werden.[43] Neben den Kreditauskünften in China gibt es auch eine zentrale Datenbasis mit Kreditinformationen, welche vom Staat selbst betrieben und überwacht wird.[44]

---

[41] Vgl. Ye (2016), S. 2.
[42] Vgl. Administrative Regulations on the Credit Reporting Industry (2013), Artikel 22.
[43] Vgl. Ye (2016), S. 1.
[44] Vgl. Administrative Regulations on the Credit Reporting Industry (2013), Artikel 27.

4 Kreditwürdigkeitsanalysen im Vergleich

4.1 Kreditscoring in Deutschland

In Deutschland übernehmen größtenteils seit mehreren Jahrzenten die klassischen Auskunfteien die Bildung von Scorewerten der Verbraucher. Die Auskunfteien sammeln verschiedene Informationen über wirtschaftlich relevante Sachverhalte und berechnen daraus das sog. Scoring. Dies geschieht durch Kooperationen mit bspw. Telekommunikationsdienstleistern, Energieversorgern sowie Kreditinstituten. Da sich die Auskunfteien größtenteils im Vorgehen ähneln, wird im Folgenden auf die größte der klassischen Auskunfteien eingegangen. Diese ist die Schutzgemeinschaft für allgemeine Kreditsicherung oder auch kurz SCHUFA genannt. Diese verarbeitet und speichert zurzeit 943 Millionen Datensätze zu Verbrauchern und Unternehmen.[45] Die Vertragspartner der SCHUFA, wie zum Beispiel Banken, können dann im Rahmen der Kreditwürdigkeitsanalyse Bonitätsinformationen zu den jeweiligen Antragstellern erlangen. Dabei beruht die Geschäftsbeziehung auf dem Gegenseitigkeitsprinzip. Das bedeutet, dass Banken und die Auskunfteien im Datenaustausch stehen. Nach einer Anfrage durch ein Kreditinstitut gibt die SCHUFA, neben einem branchenspezifischen Score, in diesem Fall auf den Bankenbereich bezogen, auch eine Übersicht der betreffenden Risikoklasse bzw. Risikoquote heraus.

---

[45] Vgl. SCHUFA (2017).

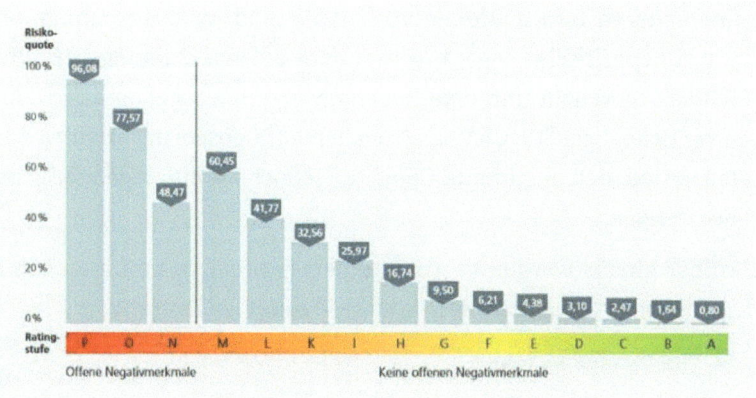

Abbildung 1: Die Ratingstufen des SCHUFA-Banken-Score im Überblick[46]

Dabei erfolgt eine Einstufung des Risikos in Merkmalsklassen ohne bzw. mit bereits erledigten Negativdaten von A-M. Sofern offene Negativdaten vorhanden sind, erweitert sich die Einstufung um die drei weiteren Klassen N-P.

Zur Berechnung des letztendlichen Scores einer Person werden verschiedene Daten herangezogen wie zum Beispiel[47]:

- Allgemeine Daten,
- Anzahl und Art von Kreditaktivitäten,
- bisherige Zahlungsausfälle,
- Zeitpunkt der ersten Krediterfahrungen sowie
- Anschriftsdaten.

Zu den allgemeinen Daten werden unter anderem Informationen zum Geburtsdatum, zum Geschlecht oder auch Anschriftendaten erfasst. Zu der Anzahl und den Arten von Kreditaktivitäten gehören alle Sachverhalte hinsichtlich Anfragen, unabhängig ob positiv oder negativ sowie tatsächlich getätigte Abschlüsse von Kreditvereinbarungen. Wenn zu einer Person

---

[46] Vgl. Mansmann (2014), S. 80.
[47] Vgl. SCHUFA.

keine anderen Informationen vorhanden sind, wird ausnahmsweise auf die wohnspezifische Lage, insbesondere auf das Zahlungsverhalten der Nachbarn, geschaut und eine Risikobewertung vorgenommen[48]. Ansonsten verzichtet die SCHUFA ausdrücklich auf Geoscoring. Andere Auskunfteien verwenden bestimmte Geodaten jedoch bereits regelmäßig in ihren Bewertungen.

Darüber hinaus werden bestimmte personenbezogene Daten von keiner der Auskunfteien verwendet, diese sind unter anderem[49]:

- Staatsangehörigkeit,
- religiöse Einstellung,
- ethnische Herkunft,
- politische Einstellung sowie
- Familienstand.

Hierbei handelt es sich um diskriminierende Parameter, welche auch aus rechtlicher Sicht nicht erlaubt sind. Die Scoreberechnung erfolgt also auf Grundlage einer Vielzahl von Daten und Eigenschaften.

---

[48] Vgl. Reisch/Gigerenzer/Wagner (2018), S. 184.
[49] Vgl. Reisch/Gigerenzer/Wagner (2018), S. 185.

Scorewert in Prozent	Ausfallwahrscheinlichkeit
> 97,5	sehr geringes Risiko
95 - 97,5	geringes bis überschaubares Risiko
90 - 95	zufriedenstellendes Risiko
80 - 90	deutlich erhöhtes bis hohes Risiko
50 - 80	sehr hohes Risiko
< 50	sehr kritisches Risiko

Tabelle 2: SCHUFA-Score Tabelle[50]

Die Ausfallwahrscheinlichkeit der zukünftigen Zahlungen wird dabei in sechs Kategorien unterteilt. Sobald man zum Beispiel einen Score von 97,4 aufweist, besitzt man nicht mehr die beste Kreditwürdigkeitsstufe. Dabei gilt grundsätzlich, je höher der Score ist, desto besser die Kreditwürdigkeit des Betroffenen.

4.1.1 Umgang mit Kreditscores am Beispiel von „Auxmoney"

Die Auxmoney GmbH wurde 2007 als erstes Peer-to-Peer-Lending Unternehmen in Deutschland gegründet.[51] Im Rahmen von Peer-to-Peer Geschäften werden Kredite von Verbraucher an Verbraucher vergeben. Zunächst agierte Auxmoney lediglich als freier Marktplatz, bei dem jeder Kreditgeber auf Kreditnehmer jeder Bonität treffen konnte. Dabei sind Kredite in Höhe von 1.000 Euro bis maximal 25.000 Euro möglich.[52] Für Kreditanleger sind Anlagebeträge zwischen 50 und 5.000 Euro möglich.[53]

---

[50] Vgl. Moukabary, Gamal (2017).
[51] Vgl. Dorfleitner/Castro/Kammler/Schuster/Stoiber/Weber (2014), S. 9.
[52] Vgl. ebd. (2014), S. 9.
[53] Vgl. Auxmoney.

Der Kreditsuchende konnte dabei selbst wählen, welche relevanten Bonitätsdaten er zu sich selbst angibt und welche nicht angezeigt werden sollten. Ein wesentliches Problem, welches sich hieraus ergab, war die fehlende Prüfung der Bonität durch eine außenstehende Instanz. Dies führte unter anderem zu Investitionen in Kreditprojekte, bei denen der Antragsteller keine ausreichende Bonität aufwies. Nachdem Auxmoney sich deutlicher Kritik an dem Geschäftsmodell gegenübersah, änderte das Unternehmen das Geschäftsmodell wesentlich. Im Gegensatz zu den meisten Finanzdienstleistern verwendet Auxmoney nicht nur einen einzelnen Score eines bestimmten Anbieters. Das Unternehmen bildet vielmehr einen Bonitätswert aus dem Zusammenschluss der unterschiedlichen Scorewerte der verschiedenen Institutionen. Seit der Änderung sind die kostenfreien Zertifikate des SCHUFA Scores und die CEG-Ampel obligatorisch.[54] Dabei werden auf der Plattform allerdings alle Scoreklassen der SCHUFA zugelassen. Das bedeutet, dass auch Antragsteller, welche bei anderen Geldhäusern aufgrund einer schlechten Schufa keine Möglichkeit haben einen Kredit zu bekommen, zur Teilnahme an der Plattform zugelassen werden. Das resultiert daraus, dass Auxmoney nicht nur die Bewertung der SCHUFA in ihren „Auxmoney Score" einfließen lassen. Neben der oben bereits erwähnten CEG-Ampel, welche von der Creditreform Consumer GmbH herausgegeben wird, fließt auch die Bewertung des Arvato Infoscore mit ein.[55] Diese beziehen neben den in Kapitel 4.1 genannten Kriterien auch Daten aus dem täglichen Konsum von mehr als 7,8 Millionen Konsumenten mit in ihren Scorewert ein. Das besondere und einzigartige am „Auxmoney Score" ist die Tatsache, dass auch zum Beispiel Verhaltensdaten in die Bewertung mit einfließen.[56] Darunter fallen Informationen wie die Rechtschreibfehler, die der Antragsteller im Rahmen der Dokumentenerstellung macht oder wie lange er braucht, um einzelne Formulare bzw. Felder

---

[54] Vgl. Auxmoney.
[55] Vgl. Auxmoney.
[56] Vgl. Auxmoney.

auszufüllen. Dazu wertet Auxmoney auch zunächst unscheinbare Sachverhalte, wie die Reaktionszeit auf eine E-Mail, aus. Nach eigener Aussage kann dies zusammen mit weiteren Datenpunkten zu einem trennscharfen Merkmal führen.[57] Auch Webdaten werden durch das Auxmoneyteam ausgewertet.[58] Dazu gehören zum Beispiel Informationen, wie oft jemand die Seite von Auxmoney öffnet und wieder schließt oder auch welcher Internetbrowser verwendet wird. Dabei stellt Auxmoney aber immer wieder klar, dass nur Daten ausgewertet werden, die bei direkter Interaktion mit Auxmoney entstehen. Aus all den beschriebenen Daten zusammen erstellt Auxmoney dann ebenfalls einen Score, welcher in Buchstaben ausgegeben wird und von AA bis X reicht, wobei AA den bestmöglichen Bonitätswert darstellt und X den Schlechtesten.

4.1.2 Vor- und Nachteile

4.1.2.1 Vorteile

Ein großer Vorteil liegt in der empirischen Validierung der Daten, da die Unternehmen, welche ihre Scorewerte zur Verfügung stellen, auf langjährige Erfahrungen mit den unterschiedlichsten Merkmalen zurückgreifen können. Dadurch sind sie in der Lage, bei neuen Bewertungen, die dann jeweiligen Eigenschaften und Merkmale in Verbindung mit einem bestimmten Verhalten des Betroffenen möglichst präzise zusammenzusetzen.

Ein weiterer Vorteil des Kreditscorings ist die Standardisierung des Verfahrens. Dadurch wird die persönliche Einschätzung des Kreditsachbearbeiters und die damit verbundenen persönlichen Präferenzen vermieden. Dazu kommt eine deutliche Zeit- und Kostenersparnis für das Finanzinstitut, welche vor dem wirtschaftlichen Hintergrund und dem zunehmenden Druck auf die Kostenminimierung wesentlich ist. Durch die Standardisierung profitiert auch der Antragsteller. Eine Zusage bzw. Ablehnung kann

---

[57]   Vgl. Auxmoney.

[58]   Vgl. Bluhm, Franziska (2017).

schneller erfolgen und die Angst, durch fehlende Objektivität abgelehnt zu werden, wird gemindert.

Darüber hinaus beruht die Datenbasis größtenteils auf Daten, die einen eindeutigen Zusammenhang mit der Zahlungsfähigkeit aufweisen und nicht zunächst noch interpretiert werden müssen. Da das Kreditscoringsystem in Deutschland schon sehr lange fester Bestandteil in der Kreditwürdigkeitsprüfung ist, ist auch der rechtliche Rahmen und die zu beachtenden Grundsätze durch gesetzliche Bestimmungen geregelt. Dies schafft eine gewisse Sicherheit beim Umgang und erleichtert den Scoringbeteiligten die Beurteilung des Vorgehens. Die Hinzunahme von Verhaltensdaten wirkt sich zudem positiv auf die Diversifikation der analysierten Datenkomplexe aus.

4.1.2.2 Nachteile

Das zurzeit gültige Kreditscoringverfahren hat auch Nachteile. So können die Daten, auf die im Einzelfall zurückgegriffen wird, veraltet oder auch fehlerhaft sein. Dies würde die Datenqualität und somit das Ergebnis signifikant verändern. Hier ist eine wiederholte und ordentliche Aktualisierung der Daten erforderlich. Da dies unter anderem auch händisch erfolgt, steigt der Aufwand dadurch deutlich an. Zudem kann die Datenbasis bei Personen, die noch sehr wenigen bzw. gar keinen Kontakt mit Krediten oder ähnlichem hatten, sehr gering sein. Dadurch kann eine aussagekräftige Bewertung problematisch werden. Im schlimmsten Fall kann es dadurch zu einer Ablehnung des Antrages kommen. Auch wenn der bereits dargelegte Datenschutz durch eine Vielzahl von unterschiedlichen rechtlichen Regelungen umschlossen wird, gibt es dennoch Lücken. Dass die persönlichen Erfahrungen der Kreditsachbearbeiter in den Hintergrund rücken, stellt in manchen Situationen nicht nur ein Vorteil, sondern auch einen Nachteil dar. Dies kann zum Beispiel zu einer unzureichenden Berücksichtigung qualitativer personenbezogener Daten führen. Es würde also der ganzheitliche Eindruck verloren gehen.

4.2 Sozialkreditsystem in China

Ein Sozialkreditsystem unterscheidet sich massiv von dem Scoringverfahren, welches im Kapitel 4.1 behandelt wurde. Die chinesische Regierung möchte dieses Verfahren bis 2020 in der gesamten Volksrepublik einführen und anwenden lassen. Zurzeit laufen einige Pilotprojekte in mehr als 40 Städten, in denen chinesische Bürger, aber auch Unternehmen auf Basis ihres Verhaltens bewertet und gesteuert werden sollen.[59] Diese Bewertung ist zum Teil öffentlich einsehbar. So werden besonders „aufrichtige" Bürger öffentlich gewürdigt und besonders „unaufrichtige" Bürger werden wiederum öffentlich „an den Pranger gestellt".[60] Dabei gilt zum Beispiel, wer sich sozial besonders positiv herausstellt oder regemäßig seine Steuern zahlt, wird auf eine rote Liste gesetzt und genießt dadurch wesentliche Vorteile, wie unter anderem eine bessere Kreditwürdigkeit.[61] Dabei wird der Scorewert in China nicht nur zur Verbesserung der Einschätzung von Bonitätsaspekten bei Krediten verwendet. Der Wert beeinflusst das tägliche Leben der Bevölkerung. Dies fängt bei der Erlaubnis zur Nutzung von Hochgeschwindigkeitszügen oder der bevorzugten Behandlung bei Flugbuchungen an und geht bis zur Annahme bzw. Absage von Plätzen an beliebten Schulen.

---

[59] Vgl. Fischl (2018).
[60] Vgl. Kostka (2018), S. 3.
[61] gl. ebd.

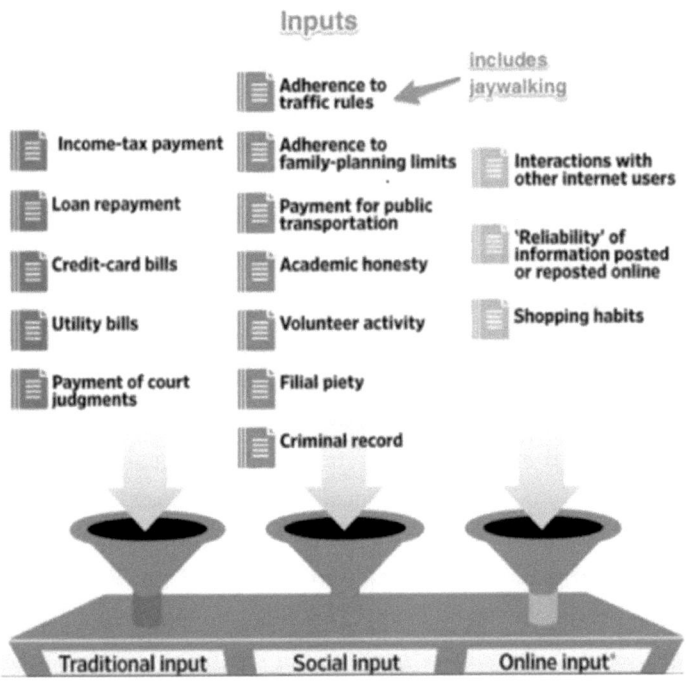

Abbildung 2: Einflussfaktoren des Sozialkreditsystems[62]

Wie an Abbildung 4 zu erkennen ist, ist die massenhafte Erhebung personenbezogener Daten Kernstück des gesellschaftlichen Bonitätssystems.
Diese große Sammlung an Daten wird häufig mit dem Begriff „Big Data"
beschrieben. Dabei beschreibt Big Data ein Aufkommen enormer Daten-
mengen, welche zumeist in unstrukturierter Form vorliegen. Diese müssen dann zunächst durch aufwendige IT-Lösungen – Stichwort „Machine
Learning" – getrennt und aufgearbeitet werden.[63] Auch im Rahmen des Sozialkreditsystems werden klassische Daten, wie Zahlungsmoral, Einkom-
men oder auch Kredithistorie berücksichtigt. Zusätzlich zu diesen Informationen werden nun auch soziale Daten sowie weitere Online-Daten ausgewertet und in der Bewertung berücksichtigt. Wenn sich eine Person zum

---

62 Vgl. Kim, Mimi (2018).
63 Vgl. Gandomi, Amir/Haider, Murtaza (2015), S. 138.

Beispiel gesellschaftlich engagiert oder sich an allgemeine Regeln, wie beispielsweise Verkehrsregeln, hält, wird dies positiv gewertet. Werden jedoch „Schwarzfahrten" oder ähnliches registriert, wird dies negativ gewertet. Darüber hinaus werden auch Informationen zu dem eigenen Verhalten in der digitalen Welt berücksichtigt. Wie verhalte ich mich gegenüber anderen Teilnehmern in sozialen Netzwerken oder wie lange bin ich regelmäßig in Online Spielen aktiv.

4.2.1 Umgang mit dem Sozialkreditsystem am Beispiel von „Zhima Credit"

Da es in China lange Zeit kein umfassendes System der Bonitätsbewertung gab und dadurch Kredite meist nur an große Unternehmen oder vermögende Privatpersonen vergeben wurden, vergab die PBC einigen Unternehmen die Erlaubnis eigene Kreditratingsystem zu entwickeln.[64] Eine Erlaubnis erhielt die Tochter des Online-Händlers Alibaba Ant Financial Services. Das Unternehmen Zhima Credit, welches auch häufig unter dem Namen Sesame Credit zu finden ist, wurde durch diese im Jahr 2015 gegründet. Zhima Credit verwendet unter anderem „Big Data-Technologien" und Informationen über das individuelle Verhalten der Konsumenten. Es war nach eigenen Aussagen das erste Kreditscoringunternehmen, welches neben Offline-Daten zusätzlich auch online verfügbare Daten mit in die Bewertung von Konsumenten und kleineren Unternehmen einfließen lässt.[65] Da Zhima Credit zur Alibaba Group gehört, welche unter anderem auch einen der größten B2B-Onlinemarktplätze betreibt, hat es Zugriff auf Daten von mehr als 300 Millionen natürlichen Personen und 37 Millionen Kleinunternehmen. Zusätzlich stehen die Zahlungshistorien aller Nutzer von Alipay, der größten Online-Zahlungsplattform Chinas, für die Auswertung zur Verfügung.[66] Der Sesame Score setzt sich aus fünf verschiedenen Faktoren zusammen.

---

[64] Vgl. Warislohner, Fabian (2015).
[65] Vgl. Alibaba Group (2015), S. 1.
[66] Vgl. Alibaba Group (2015), S. 1.

Dabei handelt es sich um die Folgenden[67]:

- Kredithistorie,

- Verhalten und Vorlieben (Informationen zu dem Verhalten auf den besuchten Websites oder auch welche Produkte regelmäßig gekauft werden),

- Erfüllungsquote (Aufschluss über die Fähigkeit des Konsumenten vertraglichen Vereinbarungen nachzukommen),

- persönliche Merkmale (Daten zur Anschrift, Aufenthaltsdauer an den entsprechenden Adressen oder auch Wechsel der Mobilfunknummer) sowie

- zwischenmenschliche Interaktionen/Beziehungen (Informationen zu dem Verhalten gegenüber Freunden, aber auch Informationen über die Freunde selbst).

Die unterschiedlichen Datensätze zu den einzelnen Dimensionen fließen im Hinblick auf das jeweilige individuelle Profil mit einer unterschiedlichen Gewichtung in den zu berechnenden Scorewert ein.[68] Der Scorewert, der durch Zhima Credit aufgestellt wird, beläuft sich auf einen nummerischen Wert zwischen 350 und 950 Punkten. Andere Institutionen, die ein ähnliches Konzept wie Zhima Credit verfolgen, haben zwar einen anderen Punktebereich, aber der im Folgenden dargestellte Ablauf ist ähnlich.

---

[67] Vgl. Ke, Min/Chen, Shengjie/Cai, Nianci/Zhang, Li (2018), S. 742.
[68] Vgl. Alibaba Group (2015), S. 2.

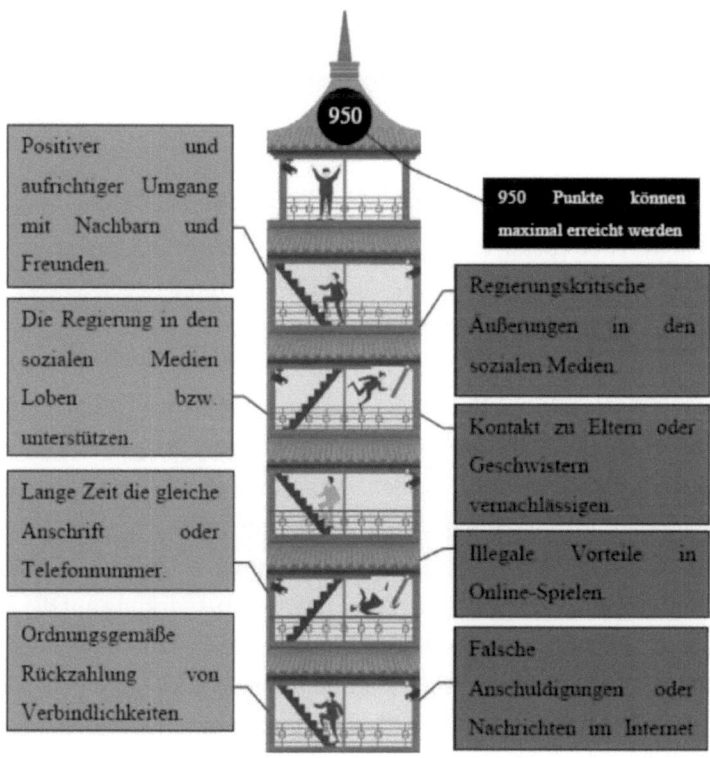

Abbildung 3: Dynamik von Scorewerten

Wie in Abbildung drei zu sehen ist, ist der jeweilige Scorewert einer Person oder eines Unternehmens sehr dynamisch. Jede Person startet mit dem gleichen Punktwert. Durch das jeweilige Verhalten und die getroffenen Entscheidungen, wie zum Beispiel solche aus der Infografik, ändert sich der Scorewert kontinuierlich. Das Ziel ist es natürlich, einen möglichst hohen Wert zu erreichen und diesen anschließend auch zu halten. Denn neben den Vorteilen hinsichtlich besserer Chancen auf einen Kredit oder niedrigere Zinsen, beeinflusst der Scorewert auch viele andere Bereiche des täglichen Lebens. Als Beispiel kommen einfacherer Zugang zu bestimmten Berufen oder auch Steuererleichterungen in Betracht.[69] Da

---

Zhima Credit nach eigenen Aussagen eine Transparenz der Bewertung des Einzelnen wichtig ist, kann der persönliche Scorewert jederzeit in der eigenen bzw. Fremdanbieter-App eingesehen werden.[70]

4.2.2 Vor- und Nachteile

4.2.2.1 Vorteile

Ein wesentlicher Vorteil ist die Verfügbarkeit der großen Menge an unterschiedlichsten Daten. Zu einem bestimmten Zeitpunkt liegen zu vielen Personen wenige bis keine Daten zu bonitätsrelevanten Themen vor. Aufgrund dieser kleinen Datenbasis ist eine zuverlässige Bewertung schwierig. Durch Rückgriff auf Daten aus sozialen Medien und ähnlichem kann auch bei Neulingen eine wesentlich zuverlässigere Datenbasis aufgebaut und anschließend bewertet werden. Dies ist vor dem Hintergrund der immer schneller ansteigenden Anzahl weltweiter Internetnutzer besonders relevant. Dadurch können weitere Kredite an zuverlässige Konsumenten vergeben werden, was zum einen eine positive Auswirkung auf die Marktwirtschaft und zum anderen auch auf die Ertragslage des betreffenden Finanzinstituts hat. Darüber hinaus ist eine Einsicht in den eigenen Scorewert jederzeit möglich. Dabei wird dem Betroffenen, neben dem aktuellen Scorewert, auch die einzelnen einfließenden Bereiche mit ihrer aktuellen Gewichtung angezeigt. Dies ermöglich eine gezielte Verbesserung der relevanten Bereiche, welche den Wert aktuell belasten. Zusätzlich bietet das Sozialkreditsystem explizite Anreize sich neben Zahlungsmodalitäten auch in anderen Bereichen wohlwollend zu verhalten.

---

[70] Vgl. Alibaba Group (2015), S. 2.

4.2.2.2 Nachteile

Ein wesentlicher Nachteil besteht darin, dass der Betroffene nahezu sämtliche Daten über sich selbst preisgeben muss. Da auch Informationen aus sozialen Netzwerken und ähnlichem ausgewertet werden, betrifft dies unter Umständen sensible Daten, was einen enormen Eingriff in die Privatsphäre bedeutet. Wie zu Beginn von Kapitel 4 bereits erwähnt, erfordert die Verarbeitung der für dieses System erforderlichen Daten spezifische IT-Lösungen und eine ausreichende Rechenleistung. Diese Voraussetzungen müssen zunächst durch Investitionen geschaffen werden, was ein entsprechendes Kapital voraussetzt. Darüber hinaus sind viele der Online-Daten, die ausgewertet werden, oft subjektiver Natur. Dadurch kann es zu einer Ablehnung von Kreditanfragen kommen, welche aus Umständen resultiert, für die der Betroffen nicht verantwortlich ist oder die objektiv keinen Zusammenhang mit der Zahlungsfähigkeit aufweisen. Zusätzlich kann eine bewusste Manipulation bestimmter Daten in den sozialen Netzwerken nur schwer reguliert werden. So könnte eine Person zum Beispiel bewusste nur Freundschaften mit Personen, die einen hohen Scorewert aufweisen, eingehen.

4.3 China als Vorreiter für das Kreditscoring in Deutschland

Ein Sozialkreditsystem, wie das in China, bringt einige Vorteile mit sich. Besonders junge Personen können vom Einbezug von Online-Daten profitieren. Zudem bietet die Nutzung des Internets von ungefähr 63 Millionen Menschen eine entsprechende Grundlage für die Datenbasis. Bereits heute wird das Thema „Social Scoring" und ihre Umsetzbarkeit und Akzeptanz in Deutschland diskutiert. Eine im Jahr 2018 von PwC durchgeführte Studie ergab, dass die Mehrheit bisher noch nichts von „Social Scoring" gehört hat. Darüber hinaus sehen nur 11% der Befragten positive Möglichkeiten durch eine Einführung von „Social Scoring".[71] Auch die Reaktion der Bevölkerung auf das Pilotprojekt der SCHUFA zeigt bereits, dass eine

---

[71] Vgl. PwC (2018), S. 7.

Einführung oder Adaption des Systems in China ein schwieriges Unterfangen werden könnte. Dazu muss beachtet werden, dass die chinesische Bevölkerung Das jedoch eine Einbindung von bestimmten Merkmalen und Eigenschaften über die klassischen Daten hinaus der Anfrage und Vergabe von Krediten grundsätzlich nicht schadet, lässt sich am bereits erläuterten Beispiel von Auxmoney zeigen. Hier müssten die klassischen Auskunfteien sowie andere Scoringinstitutionen anknüpfen und für eine angemessene und umfängliche Transparenz sorgen und die Betroffenen über die Gefahren und entsprechenden Schutzmechanismen aufklären. Genauso müssten jedoch auch die Möglichkeiten, wie zum Beispiel eine noch ganzheitlichere Bewertung der Bonität, aufgrund der verschiedensten Daten dargelegt werden. Auch ist die Rechtslage in Deutschland eine wesentlich andere als in China. Anhand der in Kapitel 3.1 dargestellten rechtlichen Rahmenbedingungen, lassen sich schnell einige Probleme erkennen. So wäre die allgemeine Zugänglichkeit der Daten in sozialen Medien aufgrund von Voraussetzungen, wie einen Nutzeraccount anzulegen, bereits nicht mehr gegeben und somit verboten. Zusätzlich dürfen nach dem deutschen Recht keine schutzwürdigen Interessen der Betroffenen verletzt werden, was jedoch durch die tiefgreifende Ausforschung privater Daten fragwürdig ist. Schnell kann aufgrund dieser Daten auf die ethnische Herkunft oder auf die religiösen Ansichten geschlossen werden. Ebenso sind die Voraussetzungen eines zwingend erforderlichen anerkannten mathematisch-statistischen Verfahrens noch nicht angemessen vorhanden.[72] Zur Umsetzung eines ähnlichen Systems wie in China, müssten auch hier durch den Gesetzgeber vorhandene Gesetzeslücken bzw. unklare Sachverhalte anhand klarer Regelungen geschlossen bzw. geklärt werden. Unabhängig davon könnten sich für die Scoringinstitutionen durch Einführung eines solchen Systems weitere, von der reinen Bonitätsauskunft an Finanzdienstleister, abweichende neue Geschäftsfelder erschließen. Zu Bedenken sind hier selbstverständlich auch die wirtschaftlichen

---

[72] Vgl. Eschholz (2017), S.182.

Herausforderungen. Es müssten zusätzliche IT-Lösungen eingeführt werden, um die Menge an erforderlichen Daten zu bewältigen oder die Möglichkeit einer bewussten Manipulation bestimmter relevanter Daten zu erkennen bzw. zu verhindern. Hier müssten also zunächst Investitionen vorgenommen werden, ohne wirklich zu wissen, wie die Akzeptanz und Einwilligung in der breiten Bevölkerung ist. An dieser Stelle könnten Probeverfahren in Gebieten mit vorheriger Zustimmung der betroffenen Personen, wie sie in China zurzeit durchgeführt werden, einen Lösungsweg darstellen.

5 Fazit

Durch die geplante Einführung von „Social Scoring" in China, aber auch durch das durchgeführte Pilotprojekt der SCHUFA in Deutschland, ist das Thema des „Social Scoring" aktueller denn je. Auch die regelmäßige Berichtserstattung in deutschen Medien trägt zur allgemeinen Diskussion bei. Wie auch das aktuelle Vorgehen beim Kreditscoring in Deutschland, weist eine Bonitätsprüfung, welche auf Daten aus sozialen Netzwerken oder ähnlichem beruht ebenso Vor- aber auch Nachteile auf. Für die Scoringinstitutionen könnten sich vielversprechende Möglichkeiten ergeben. Aufgrund der mangelnden Erfahrung und dem nicht vorhandenen Wissen über das Verfahren hinter „Social Scoring" durch die Bevölkerung ist hier eine gewisse Aufklärung erforderlich, um ein Vertrauen aufzubauen. Zusätzlich stellen einschlägige Datenschutzbestimmungen sowohl die Scoringinstitutionen als auch den Gesetzgeber vor eine große Herausforderung. Bis 2020 soll das Sozialkreditsystem in der ganzen Volksrepublik China eingeführt werden. Die in Deutschland tätigen Scoringinstitutionen werden die Entwicklung und Veränderungen, die mit der Einführung einhergehen, genau beobachten und können so bereits wichtige Erkenntnisse und Erfahrungen sammeln. Zusammenfassend lässt sich festhalten, dass das Interesse der Scoringinstitutionen als auch diverse Finanzdienstleister durch die entstehenden Möglichkeiten für ihr Geschäft an einem „Social Scoring" System wachsen wird. Eine gegenwärtige Einführung bzw. Einbindung von Daten im Rahmen des „Social Scoring" erscheint anhand der fehlenden Voraussetzungen als unwahrscheinlich. Sollte sich das System jedoch in China als positiv herausstellen, ist zumindest eine teilweise Adaption bestimmter Bestandteile durchaus denkbar.

Rechtsverzeichnis

DSGVO: Datenschutz-Grundverordnung vom 25.05.2018 (Art. 5d), in: Amtsblatt der Europäischen Union vom 27.04.2016, Verordnung (EU) 2016/679.

DSGVO: Datenschutz-Grundverordnung vom 25.05.2018 (Art. 9 Abs. 1), in: Amtsblatt der Europäischen Union vom 27.04.2016, Verordnung (EU) 2016/679.

BDSG: Bundesdatenschutzgesetz vom 01.01.1978 mit allen späteren Änderungen einschließlich der Inkraftsetzung der Neufassung vom 25.05.2018 (§31 Abs. 2).

Literaturverzeichnis

Alibaba Group (2015): Ant Financial Unveils China's First Credit-Scoring System Using Online Data, online abrufbar unter: https://www.alibabagroup.com/en/news/article?news=p150128 [abgerufen am: 21.05.2019].

Auxmoney: Häufig gestellte Fragen – Anleger, online abrufbar unter: https://www.auxmoney.com/faq/anleger [abgerufen am 25.05.2019].

Auxmoney: Schufa Score, CEG Ampel & Arvato Infoscore, online abrufbar unter: https://www.auxmoney.com/kredit/info/schufa-score.html [aufgerufen am 25.05.2019].

Auxmoney: Sichern Sie sich beste Renditen, online abrufbar unter: https://www.auxmoney.com/infos/geld-anlegen-mit-auxmoney [abgerufen am 05.06.2019].

Bluhm, Franziska (VIVID Magazin) (2017): Kredite ohne Bank, online abrufbar unter: https://www.vivid-magazin.de/stories/2018/7/20/kredite-ohne-bank [abgerufen am 30.05.2019].

Change Magazin (2018): Was steckt wirklich hinter Chinas Social Credit System?, online abrufbar unter: https://www.change-magazin.de/de/china-social-credit-system-erklaert/ [abgerufen am 21.05.2019].

Deutscher Bundestag (2018): Daten zu notleidenden Krediten in der Eurozone, online abrufbar unter: https://www.bundestag.de/resource/blob/571628/3062cbcc299cf5f7f7c4edebf9cda7c5/wd-4-127-18-pdf-data.pdf [abgerufen am 04.05.2019].

Domurath, Irina/Neubeck, Irene (2018): Verbraucher-Scoring aus Sicht des Datenschutzrechts, Veröffentlichungen des Sachverständigenrats für Verbraucherfragen, online abrufbar unter: http://www.svr-verbraucherfragen.de/wp-content/uploads/WP_Verbraucher-Scoring_und_Datenschutzrecht.pdf [abgerufen am 15.05.2019].

Dorfleitner, Gregor/ de Castro, Ivan/Kammler, Julia/Schuster, Stephanie/Stoiber, Johannes/Weber, Martina (2014): Banking 3.0 - zwischen Digitalisierung und Mensch -Der Einfluss von weichen Faktoren im P2P-Lending – Ein Vergleich der Plattformen Smava und Auxmoney, online abrufbar unter: http://www.welt.de/bin/text-129629370.pdf [abgerufen am 23.05.2019].

Eschholz, Stefanie (2017): Big Data-Scoring unter dem Einfluss der Datenschutz-Grundverordnung, in: Datenschutz und Datensicherheit, Band 41, Ausgabe 3, S. 180-185.

Fischl, Leonard (2018): Chinas Sozialkreditsystem, online abrufbar unter: https://www.fu-berlin.de/presse/publikationen/tsp/2018/tsp-dezember-2018/china-sozialkreditsystem/index.html [abgerufen am 11.05.2019].

Füser, Karsten (2001): Intelligentes Scoring und Rating, Hrsg: Gabler Verlag, Wiesbaden 2001.

Gandomi, Amir/Haider, Murtaza (2015): Beyond the hype: Big data concepts, methods, and analytics, in: International Journal of Information Management, Band 35, Ausgabe 2, S. 137-144.

Gül, Sait/Kabak, Özgür/Topcu, Ilker (2018): A multiple criteria credit rating approach utilizing social media data, in: Data & Knowledge Engineering, Band 116, S. 80-99.

Helbing, Thomas (2015): Big Data und der datenschutzrechtliche Grundsatz der Zweckbindung, in: Kommunikation & Recht, Heft 3, S. 145-150.

Helfrich, Marcus (2010): Kreditscoring und Scorewertbildung der SCHUFA – Datenschutzrechtliche Zulässigkeit im Rahmen der praktischen Anwendungen, Frankfurt am Main 2010 [zugl. Münster, Univ., Diss., 2010].

Korczak, Dieter (2005): Verantwortungsvolle Kreditvergabe, online abrufbar unter: https://gp-f.com/de/pdf/ak_kredi.pdf [abgerufen am: 12.05.2019].

Kostka, Genia (2018): China's Social Credit Systems and Public Opinion: Explaining High Levels of Approval.

Mansmann, Urs (2014): Gut gemeint. Wie die Schufa bewertet, in: c't 10/2014, S. 80-81.

McPherson, Miller/Smith-Lovin, Lynn/Cook, James M (2001): Birds of a Feather: Homophily in Social Networks, online abrufbar unter: http://aris.ss.uci.edu/~lin/52.pdf [abgerufen am 11.05.2019].

Kim, Mimi (Business 2 Community) (2018): Social Credibility or Social Control? China Plans to Rate Every Citizen by 2020, online abrufbar unter: https://www.business2community.com/world-news/social-credibility-social-control-china-plans-rate-every-citizen-2020-02045390 [abgerufen am 01.06.2019].

Moukabary, Gamal (Focus Money Online) (2017): Das bedeuten die Zahlen in den Score-Tabellen von Schufa und Co, online abrufbar unter https://www.focus.de/finanzen/experten/schufa-score-tabelle-so-lesen-sie-die-zahlen_id_7843120.html [abgerufen am 22.05.2019].

Óskarsdóttir, María/Bravo, Christián/Sarraute, Carlos/Vanthienen, Jan/Baesens, Bart (2019): The value of big data for credit scoring: Enhancing financial inclusion using mobile phone data and social network analytics, in: Applied Soft Cumputing, Band 74, S. 26-39.

PwC (2018): Ist Deutschland bereit für Social Scoring, online abrufbar
unter: https://www.pwc.de/de/finanzdienstleistungen/studie-
ist-deutschland-bereit-fuer-social-scoring.pdf [abgerufen am
10.05.2019].

Rieger, Frank (2012): Kredit auf Daten, online abrufbar unter:
https://www.faz.net/aktuell/feuilleton/schufa-facebook-kredit-
auf-daten-11779657.html?printPagedArticle=true#pageIndex_2
[abgerufen am: 02.05.2019].

Reisch, Lucia/Gigerenzer, Gerd/Wagner, Gert G. (2018): Verbraucher-
gerechtes Scoring, Gutachten des Sachverständigenrats für Verbraucherfragen, online abrufbar unter: http://www.svr-verbrau-
cherfragen.de/wp-content/uploads/SVRV_Verbrauchergerech-
tes_Scoring.pdf [abgerufen am 02.06.2019].

Rui, Wang/Yu, Xiao/Fuller, Andrew (2015): Cyber Security Draft Law T
ightens Grip on China's Network Security.

Schröder, Michael/Taeger, Jürgen: Scoring im Fokus: Ökonomische Bedeutung und rechtliche Rahmenbedingungen im internationalen
Vergleich, online abrufbar unter: https://www.ruhr-uni-bo-
chum.de/fin-kred/downloads/Leitfaden%20wissenschaftli-
che%20Arbeiten.pdf [abgerufen am 08.05.2019].

SCHUFA: Wie funktioniert Scoring bei der SCHUFA?, online abrufbar
unter: https://www.schufa.de/de/ueber-uns/daten-scoring/sco-
ring/scoring-schufa/ [abgerufen am 04.06.2019].

SCHUFA (2017): Unternehmensbericht 2017, online abrufbar unter:
https://www.schufa.de/media/editorial/ueber_uns/dateien/stu-
dien_und_publikationen_1/SCF_Mag_Deutsch_150dpi_180515.pdf
[abgerufen am 20.05.2019].

State Council (2013): Administrative Regulations on the Credit Reporting Industry.

Statista (2018): Anzahl der überschuldeten Privatpersonen in Deutschland von 2004 bis 2018 (in Millionen), online abrufbar unter: https://de.statista.com/statistik/daten/studie/166338/umfrage/anzahl-der-schuldner-in-deutschland-seit-2004/ [abgerufen am: 05.05.2019].

Statista (2017): Anzahl der neu abgeschlossenen Ratenkreditverträge in Deutschland von 2006 bis 2017 (in 1.000), online abrufbar unter: https://de.statista.com/statistik/daten/studie/70156/umfrage/abgeschlossene--kreditvertraege-in-deutschland/ [abgerufen am: 05.05.2019].

Statista (2018): Anzahl der Internetnutzer weltweit in den Jahren 2005 bis 2017 sowie eine Schätzung für das Jahr 2018 (in Millionen), online abrufbar unter: https://de.statista.com/statistik/daten/studie/805920/umfrage/anzahl-der-internetnutzer-weltweit/ [abgerufen am: 05.05.2019].

Tan, Tianhui/Phan, Tuan Q. (2016): Social Media-Driven Credit Scoring: the Predictive Value of Social Structures, online abrufbar unter: https://pdfs.semanticscholar.org/2f1c/e382e2be6ff6c70e2a43e0197d89426992c9.pdf [abgerufen am 07.05.2019].

Treacy, William F./Carey, Mark (2000): Credit risk rating systems at large US banks, in: Journal of Banking & Finance, Band 24, Ausgabe 1-2, S. 167-201.

Warislohner, Fabian (2015): Dystopia wird Wirklichkeit: Was ist dran an Chinas „Social Credit System"?, online abrufbar unter: https://netzpolitik.org/2015/dystopia-wird-wirklichkeit-was-ist-dran-an-chinas-social-credit-system/ [abgerufen am 30.05.2019].

Wei, Yanhao/Yildirim, Pinar/Van den Bulte, Christophe/Dellarocas, Chrysanthos (2016): Credit Scoring with Social Network Data, in: Marketing Science, Band 35m Ausgabe 2, S. 234-258.

Weinrich, Günter (1978): Kreditwürdigkeitsprognosen – Steuerung des Kreditgeschäfts durch Risikoklassen, Wiesbaden 1978.

Wolff, Heinrich A./Brink, Stefan (2017): Datenschutzrecht in Bund und Ländern, München 2013.

Yang, Samuel/Wang, Moxue (2017): China Proposes Security Review Framework for Network Security Products and Services.

Ye, Pascal J. E. (2016): Analysis of PRC Cyber Security Law (Second Draft for Review).